Ln 27 / 18103

AF709517

Ln 27/18103

LISTE

DES TRAVAUX

DU CAPITAINE ROZET,

ANCIEN ÉLÈVE DE L'ÉCOLE POLYTECHNIQUE,

Candidat à la place vacante dans la section de géologie et de minéralogie.

BIBLIOTH. ... I

A MM. LES MEMBRES DE L'ACADÉMIE DES SCIENCES

Messieurs,

J'ai l'honneur de me présenter comme candidat à la place vacante dans la section de Géologie et de Minéralogie, et de vous adresser ici la liste de mes travaux.

Attaché depuis plus de vingt-cinq ans, comme ingénieur-géographe et comme officier d'état-major, aux opérations topographiques et géodésiques de la nouvelle carte de France, j'ai été obligé de parcourir la plus grande partie du territoire de notre belle patrie, ce qui m'a donné la facilité d'en étudier la constitution géognostique. J'ai aussi étendu mes observations dans les pays limitrophes, en Belgique, en Allemagne, en Suisse, en Piémont et en Italie.

7 27
18103

1847

En 1830, une armée française eut ordre de traverser la Méditerranée pour aller détruire le repaire des pirates qui désolaient cette mer, ainsi que ses beaux rivages, depuis tant de siècles, et écrasaient sous leur despotisme sanguinaire une des plus belles contrées de la terre. Je faisais partie de cette glorieuse armée, à la vaillance de laquelle la géologie est redevable des premiers documents positifs sur l'Algérie, et la France d'une de ses plus belles conquêtes.

Ainsi, Messieurs, depuis vingt-cinq ans que je me livre à l'étude de la constitution physique de notre planète, j'ai parcouru une grande étendue de pays, et j'ai été à même de faire beaucoup de travaux géologiques. J'ai effectivement fait un assez grand nombre de mémoires et d'ouvrages, publiés séparément ou dans plusieurs recueils scientifiques, et à quelques-uns desquels l'Académie a bien voulu accorder son approbation. Voici la liste analytique des principaux :

1824 Plusieurs MÉMOIRES SUR LES TERRAINS DE LA PROVENCE, dans lesquels la superposition du terrain de lignite au terrain crétacé a été clairement démontrée pour la première fois.

Rapports favorables à l'Académie des Sciences, par MM. Beudant et Cordier, et à la Société d'Histoire naturelle, par M. Alex. Brongniart (*Mémoires de la Société d'Histoire naturelle de Paris*, t. II).

Description géognostique du bassin du Bas-Boulonnais (in-8°, avec une carte et des coupes; Paris, Selligue, 1828). Cet ouvrage est un des premiers où les divisions des terrains jurassiques du continent ont été mises en rapport avec celles, si bien étudiées, de l'autre côté de la Manche. 1827

MM. Cordier et Beudant en ont rendu un compte favorable à l'Académie.

Mémoire géologique sur la chaîne des Ardennes (*Annales des sciences naturelles*, 1830). Dans ce travail, il a été établi, par les seules considérations géologiques, que l'ensemble des roches qui entrent dans la composition de cette chaîne constituent quatre grands groupes : les terrains houillers, de calcaire carbonifère, de vieux grès rouge (*devonien*), et le terrain schisteux de transition (*silurien*). Cette classification, longtemps combattue par les géologues belges, a été confirmée par les travaux des Anglais, MM. Murchison (*Bulletin de la Société géologique de France*, première série, t. XI), et W. Lonsdale (*Transactions de la Société géologique de Londres*, 1840), qui se sont principalement servis des caractères paléontologiques. 1829

Cours élémentaire de Géognosie, fait au Dépôt général de la Guerre (1 vol. in-8°, avec planches; Paris, Levrault). 1830

Divers Mémoires sur la Géologie de l'Algérie, communiqués à l'Académie par M. Cordier, publiés 1830 et 1831 ensuite dans les *Annales du Muséum d'Histoire naturelle*, et dans mon ouvrage en trois volumes sur l'Algérie.

On ne savait rien de positif alors sur la constitution du sol de la régence d'Alger; mes observations pendant la guerre, ont fait connaître qu'un terrain de gneiss et de micaschiste, avec filons et amas granitiques, forme la base sur laquelle reposent tous les autres terrains. Des schistes talqueux passant aux phyllades, avec couches calcaires, dont quelques-unes donnent des marbres, recouvrent les gneiss et micaschistes. Un terrain tertiaire, terrain subatlantique, offrant les plus grands rapports avec celui d'Italie, repose transgressivement sur les deux précédents, et forme les collines du littoral. Il est percé, çà et là, par des trachytes et des dolomies; celles-ci paraissent souvent s'être comportées comme des roches ignées. La plus grande partie de la première chaîne de l'Atlas est formée par une masse de calcaire marneux, alternant avec des argiles schisteuses passant au phyllade. Ce groupe offrant une grande analogie avec notre lias d'Europe, je l'avais rapporté à cette formation; mais il pourrait bien se faire qu'il fût plus récent. C'est le gisement des filons cuivreux de Mouzaïa, dont la découverte m'est due; c'est aussi celui des filons de fer et de ceux de galène, exploités par les Kabiles. Le terrain tertiaire cité plus haut, gît au pied des montagnes de l'Atlas et remplit souvent l'intervalle que deux chaînons laissent entre eux ; il a pris un immense développement vers le Sud. J'avais annoncé, dès 1831, qu'il devait former le sol du grand désert, et mes prévisions ont été confirmées depuis. A l'appui de mes observations, j'ai rapporté de nombreux échantillons de roches et de fossiles, dont deux collections existent encore maintenant, l'une au Muséum d'histoire naturelle, et l'autre à la Société géologique.

Description géologique de la partie méridionale de la chaîne des Vosges (1 vol. in-8°, avec une carte topographique et des coupes ; Paris, Roret). — Dans ce travail, je me suis particulièrement occupé des terrains plutoniques, dont j'ai établi l'âge relatif, les liaisons intimes qui existent entre eux, et les passages graduels des roches les unes aux autres, et cela par les seuls travaux géologiques. Voici maintenant M. Delesse qui arrive aux mêmes résultats par l'étude de la constitution minéralogique et chimique des mêmes roches. Plusieurs des résultats de mes observations ont été adoptés par les auteurs de la carte géologique de France, et consignés dans le premier volume de leur explication de cette carte. 1833

Dans leur rapport à l'Académie sur mon travail, MM. Beudant, Brongniart et Cordier ont dit : « Vos « commissaires pensent que le travail de M. Rozet « mérite tout l'intérêt des géologues, et qu'il est à

« désirer que l'ouvrage dont ce travail est l'extrait « soit incessamment publié. »

1835 Mémoire sur la masse de montagnes qui sépare le cours de la Loire de ceux du Rhône et de la Saône (avec une carte et des coupes; *Mémoires de la Société géologique de France*, première série, t. IV). — Je me suis encore spécialement occupé, dans ce Mémoire, des terrains plutoniques, entre lesquels j'ai trouvé les mêmes rapports et les mêmes passages des roches les unes aux autres, qu'entre ceux des Vosges. J'ai surtout constaté l'existence d'un immense réseau de filons quartzeux, qui s'étend depuis l'extrémité méridionale du département du Rhône, jusqu'à l'extrémité septentrionale de celui de la Côte-d'Or. Ces filons quartzeux, gangues des minerais, ont produit une foule de phénomènes d'une haute importance : ils sont les générateurs des jaspes, et de cette classe si singulière de roches, les arkoses, sur laquelle M. de Bonnard a, le premier, attiré l'attention des géologues.

Dans leur rapport à l'Académie, MM. Brongniart et E. de Beaumont ont dit : « M. Rozet a découvert « de ces faits nouveaux, dont plusieurs sont curieux, « et concourent non-seulement à l'avancement de « la géographie minéralogique, mais même à l'é- « claircissement de différents points de la géologie; « ce qui nous a paru les rendre dignes d'être en- « registrés dans les annales de la science, et de

« fixer quelques instants l'attention de l'Académie. » 1837
(*Compte rendu du 17 août 1840.*)

TRAITÉ ÉLÉMENTAIRE DE GÉOLOGIE (2 vol. in-8°, avec atlas; Paris, Arthus Bertrand). 1841

MÉMOIRE SUR QUELQUES-UNES DES IRRÉGULARITÉS QUE PRÉSENTE LA STRUCTURE DU GLOBE TERRESTRE (lu à l'Académie, le 7 mars 1841; publié dans le t. I, deuxième série, des *Mémoires de la Société géologique de France*). — Les travaux géodésiques et astronomiques de Delambre et Méchain, pour la mesure de la méridienne de France; ceux de MM. Plana et Carlini, pour celle d'un parallèle; ceux des Anglais, pour la triangulation de l'Angleterre et du pays de Galles; enfin, ceux des ingénieurs géographes français, pour l'établissement du canevas de la nouvelle carte de France, avaient fait reconnaître des anomalies notables dans la direction de la verticale, en passant d'un point à un autre : ces anomalies intriguaient depuis longtemps les observateurs, qui ne savaient trop à quoi les attribuer, lorsque, après la publication du deuxième volume de la *Description géométrique de la France*, par le colonel Puissant, profitant des nombreux et précieux matériaux réunis dans cet ouvrage, je me livrai à la recherche des causes de ces anomalies. Le plus grand nombre des déviations reconnues, ayant été observé dans le voisinage des montagnes, je calculai d'abord l'influence d'une masse montueuse sur le pied de la verticale placé à sa base, et je trouvai, qu'en supposant cette masse toute formée de basalte, la plus dense des roches connues, sa partie extérieure ne pouvait produire que la moitié de l'effet observé; d'où il résulte que, sous les montagnes, la densité de la croûte terrestre est notablement plus considérable qu'ailleurs. Des anomalies semblables ayant été constatées dans les plaines entre Milan et Parme, dans quelques parties de l'Angleterre et de la France, j'ai dû en conclure que, sans être accidentée orographiquement, la croûte du globe peut présenter des différences de densité notables.

Pour mettre le phénomène dans tout son jour, j'ai discuté la marche de la verticale, conjointement avec celle du pendule, dans toute la longueur des deux grandes lignes géodésiques formant les axes du canevas de la carte de France, et sur lesquelles des observations géodésiques, astronomiques et du pendule, ont été faites dans les mêmes points : la méridienne de Paris et sa perpendiculaire au 45e degré. Il est résulté de cette discussion, que la courbure des arcs géodésiques augmente sensiblement en traversant les chaînes de montagnes, tandis qu'elle diminue dans les espaces qui séparent ces chaînes les unes des autres. La surface de niveau de notre sphéroïde présente donc une suite de bombements et de dépressions, qui se propagent dans la vaste étendue des mers. Mais ces accidents sont beaucoup moins considérables qu'on ne l'avait d'abord cru : on a donné à leur flèche plusieurs centaines de mètres de longueur, et le calcul m'a donné 8 mètres 6 seulement pour l'élévation du ménisque produit, sur la surface ellipsoïdale, par la grande chaîne des Alpes.

Le pendule bat notablement plus vite sur les bombements que dans les dépressions ; ce qui est précisément le contraire de ce que les physiciens avaient admis jusqu'alors. La hauteur des bombements et la profondeur des dépressions de la surface de niveau ne peuvent donc avoir, par elles-mêmes, aucune influence sensible sur la marche de cet instrument; mais il n'en est pas de même des variations de densité de la croûte terrestre, qui en ont, au contraire, une considérable. Ainsi, le pendule est un véritable instrument de géologie, et il ne peut plus être considéré, dans l'état actuel des sciences, comme un instrument de géodésie.

Les variations de densité des différentes parties de la croûte de notre planète pouvant influer sur le poids du mercure dans la colonne barométrique, peuvent aussi altérer sensiblement la hauteur de cette colonne ramenée au niveau de la mer.

Le signe de la perturbation de la verticale changeant dans des espaces peu étendus, pour des points éloignés de 50 kilomètres seulement, par exemple, il en résulte que les masses qui la produisent sont voisines de la surface. Ayant expliqué le calcul, après avoir analysé toutes les circonstances du phénomène, nous avons été conduits, le capitaine Hossard et moi, à reconnaître que les effets observés ne devaient pas être produits par une masse perturbatrice unique, mais plutôt par une succession de petites masses, comme les filons métalliques, les injections de roches ignées, que présente l'intérieur de presque toutes les chaînes de montagnes, et qui affleurent aussi dans les plaines.

Des résultats obtenus dans ce travail, dont nous ne voulons pas pousser plus loin l'analyse déjà trop étendue, nous avons tiré plusieurs conséquences géologiques : nous avons surtout montré que ces grands bouleversements dont la surface de la terre nous offre tant de traces, ont pu être produits par de légères déformations de la surface de niveau antérieure, dans lesquelles des matières plus denses ont été poussées vers elle.

Plus tard, avec le capitaine Hossard, nous avons appliqué la haute analyse algébrique à tous les phénomènes précités, et nous avons fait un long travai mathématique, dont plusieurs parties ont déjà été lues devant l'Académie, qui a nommé pour les examiner, une commission composée de MM. Arago, Matthieu, E. de Beaumont et Liouville. (Compte rendu des séances, 29 janvier 1844.) Ce dernier travail est destiné à être inséré dans le troisième volume de la *Description géométrique de la France*, publiée par le Dépôt général de la Guerre.

MÉMOIRE SUR LES VOLCANS DE L'AUVERGNE ET DE L'ITALIE. — Après avoir exécuté pendant deux ans des opérations géodésiques sur la chaîne volcanique de l'Auvergne, et avoir étudié avec soin les grands phénomènes géologiques que cette chaîne présente, je me suis rendu en Italie pour observer une petite éruption qui avait alors lieu dans le grand cratère du Vésuve. Là, j'ai pris la nature sur le fait, et j'ai comparé ce qui se faisait sous mes yeux avec ce qui s'était fait en Auvergne avant les temps historiques. Mon Mémoire, de 114 pages in-4°, avec une carte au $\frac{1}{100000}$ et de nombreuses coupes, a été publié dans le premier volume, deuxième série, de ceux de la Société géologique. Au lieu d'en donner ici l'analyse, je vais transcrire quelques phrases du Rapport à l'Académie, par MM. Brongniart et Dufrenoy. (*Compte rendu, janvier* 1844.) 1843

« Des rapprochements curieux établissent une « liaison intime entre les phénomènes volcaniques « et les phénomènes généraux du globe; et si l'o- « rigine des volcans était encore un problème, « comme il y a quelques années; si les géologues « n'étaient pas convaincus que les éruptions volca- « niques prennent leur source dans la chaleur cen- « trale de la terre, comme cela a lieu pour l'épan- « chement des roches cristallines de tous les âges

« géologiques, les observations importantes de « M. Rozet nous révéleraient ce fait intéressant pour « l'histoire de notre globe.

« L'analyse que nous venons de faire du Mémoire « de M. Rozet, doit avoir prouvé à l'Académie que « ce travail, fruit de longues recherches, est rempli « d'observations intéressantes, et que les considéra- « tions générales que l'auteur en a déduites, établis- « sent une relation remarquable entre les actions vol- « caniques et les phénomènes généraux du globe. »

1846 Mémoire sur la Sélénologie. — Après avoir étudié, avec une lunette du Dépôt de la Guerre, pendant plusieurs mois des étés de 1844 et 1845, la surface de la lune dans toutes ses phases, et comparé ensuite mes observations avec les belles sélénographies de Lohrmann, de Beer et Mädler, dont M. E. de Beaumont s'était déjà servi pour établir des rapprochements très-remarquables entre les formes que présentent certaines parties des masses montueuses de la terre et les ouvertures annulaires de la surface de notre satellite, je vins lire, devant l'Académie, un Mémoire sur la sélénologie, terminé par les conclusions suivantes (*Compte rendu des séances*, 16 *mars* 1846) :

1° Le globe lunaire, primitivement à l'état de fusion ignée, s'est lentement refroidi.

2° Pendant la formation de la première croûte, il devait exister, à la surface, des mouvements circulaires, qui ont produit des bourrelets annulaires par l'accumulation des scories aux limites des ondulations. Quand, pour deux anneaux, la distance des centres, pris deux à deux, était moindre que la somme des rayons, il en résultait un espace fermé terminé par des arcs de cercle; mais quand cette distance était, au contraire, plus grande que cette même somme, il se formait des anneaux complets.

3° L'amplitude des ondulations a diminué avec la fluidité de la matière; mais le phénomène s'est continué jusqu'à ce que la croûte lunaire ait acquis une certaine épaisseur.

4° Le mode de formation que nous attribuons à ces anneaux, exclut tout à fait l'idée de cratères semblables à ceux de nos volcans.

5° La surface de la lune consolidée, il ne s'est ensuite déposé sur elle aucune couche solide ou liquide venant de l'extérieur : la parfaite conservation de tous les accidents que présente cette surface, annonce qu'aucun liquide n'y a jamais existé en quantité notable, pas même à l'état de vapeur dans l'atmosphère.

6° Après l'entière consolidation de l'enveloppe extérieure, cette enveloppe a été brisée par la réaction de l'intérieur de la planète. Les fractures, souvent énormes, sont quelquefois simples; mais elles forment souvent des étoilements dont le centre est occupé par un grand anneau, Tycho, Kepler, etc.

7° Puisque aucun liquide en quantité notable n'a jamais existé sur la lune ni dans son atmosphère, il en résulte qu'il ne peut point y avoir d'êtres organisés semblables à ceux de la terre; et si cette planète n'a point d'atmosphère, comme il est généralement admis, il ne peut point y avoir d'êtres dans l'organisation desquels il entrerait des liquides, et l'on ne peut concevoir d'êtres organisés sans liquides.

8° De l'ensemble de notre travail, il résulte un fait important : la surface de la lune nous présente, encore actuellement, tous les accidents de sa consolidation, tandis que, sur notre terre, ces accidents sont presque tous cachés par les dépôts aqueux. Il est probable que si elle était débarrassée de ces dépôts, ainsi que des mers qui couvrent la plus grande partie de la surface, les formes annulaires y seraient dominantes. Il doit en être de même pour les autres planètes; car les mouvements circulaires dans leur matière en fusion, sont une conséquence nécessaire des mouvements inhérents aux divers corps qui, en s'agglomérant autour de grands centres d'attraction, ont formé ces planètes. Je dis que les mouvements étaient inhérents aux éléments des masses planétaires, parce que, d'après les principes de l'attraction universelle, tous les corps de l'espace doivent tourner les uns autour des autres et sur eux-mêmes. Ces éléments étaient fluides, puisque toutes les planètes sont terminées par des surfaces de niveau.

J'ai encore publié plusieurs Mémoires, moins importants que ceux que je viens d'analyser, sur le terrain diluvien de la vallée du Rhin, sur la chaîne du Jura, sur les Alpes dauphinoises, etc.; et je m'occupe maintenant d'un travail sur les terrains anciens du nord-ouest de la France, que j'étudie depuis trois ans.

Tels sont, Messieurs, les titres capables d'appuyer ma candidature; je les soumets à votre jugement, et je suis, avec un profond respect,

Votre très-humble
et très-obéisssant serviteur,

ROZET,

Capitaine au corps royal d'état-major.

BIBLIOTHÈQUE ROYALE

Paris, 26 novembre 1847.

PARIS. — TYPOGRAPHIE DE FIRMIN DIDOT FRÈRES, RUE JACOB, 56.

www.ingramcontent.com/pod-product-compliance
Lightning Source LLC
LaVergne TN
LVHW021531140926
848035LV00047B/1300
9782014114980